BEI GRIN MACHT SICH IHR WISSEN BEZAHLT

- Wir veröffentlichen Ihre Hausarbeit,
  Bachelor- und Masterarbeit

- Ihr eigenes eBook und Buch -
  weltweit in allen wichtigen Shops

- Verdienen Sie an jedem Verkauf

Jetzt bei www.GRIN.com hochladen
und kostenlos publizieren

Bibliografische Information der Deutschen Nationalbibliothek:

Die Deutsche Bibliothek verzeichnet diese Publikation in der Deutschen National-
bibliografie; detaillierte bibliografische Daten sind im Internet über http://dnb.d-
nb.de/ abrufbar.

Impressum:

Copyright © 2017 GRIN Verlag, Open Publishing GmbH
Druck und Bindung: Books on Demand GmbH, Norderstedt Germany
ISBN: 9783668566699

Dieses Buch bei GRIN:

http://www.grin.com/de/e-book/376689/lieder-zum-leben

Reinhard Stolz

Lieder zum Leben

Sinn-Impulse für den alltäglichen oder festlichen Gebrauch

GRIN Verlag

GRIN - Your knowledge has value

Der GRIN Verlag publiziert seit 1998 wissenschaftliche Arbeiten von Studenten, Hochschullehrern und anderen Akademikern als eBook und gedrucktes Buch. Die Verlagswebsite www.grin.com ist die ideale Plattform zur Veröffentlichung von Hausarbeiten, Abschlussarbeiten, wissenschaftlichen Aufsätzen, Dissertationen und Fachbüchern.

Besuchen Sie uns im Internet:

http://www.grin.com/

http://www.facebook.com/grincom

http://www.twitter.com/grin_com

Lieder zum Leben

Manchmal...

Ich mag den Re-gen, ich mag das wei-te Meer,

ich mag die Wol-ken und Pfüt-zen noch viel mehr!

Ich mag den Pul-ver-schnee und spie-gel-glat-tes Eis... und

manch-mal lau-fen Trä-nen o-der li-ter-wei-se Schweiß... ach ja!

-2- Ich mag die Gärten, ich mag das Ackerland,
ich mag die Berge und Ton in meiner Hand.
Ich mag die Kieselsteine und ganz feinen Sand... und
manchmal strahlt mein Herz vor Glück so wie ein Diamant! Jawoll!

-3- Ich mag die Sonne, ich mag den Kerzenschein,
ich mag Vulkane und heize gerne ein;
ich mag das Lagerfeuer mit der roten Glut... und
manchmal lodert in mir eine riesengroße Wut- oh wei!

-4- Ich mag die Mühle, ich mag den Bumerang,
ich mag Libellen und Flöten und Gesang;
ich mag das Segelschiff und auch den Vogelschwarm... und
manchmal nimmt ein frischer Wind mich freundlich in den Arm... wie schön!

Melodie: Paul Hofhaimer 1512;
geistlich Wittenberg um 1541, Leipzig 1545;
Text: R. Stolz

Er

Hört, Je-sus Chris-tus gab Got-tes Lot
Er sah des Da-seins Tra-gik und Not

ins Kraft-feld welt-ge-wand-ter Wirr-niss;
und leb-te Gott und sein Ge-heim-nis.

Er for-der-te Barm-her-zig-keit
und hat vom Joch der Angst be-freit.

Sein Wort war durch sein Werk ge-deckt, hilf-reich griff er ein

und mach-te sich den Men-schen ge-mein.

-2- Er war ein Mensch mit Seele und Leib,
von Finsternis und Licht durchwaltet.
Er fand ein Richtmaß im Zeitvertreib
und hat sein Los mit Sinn gestaltet.
Er aß und trank mit Appetit
und kannte seines Glückes Schmied,
trug, wie es seinem Wert entsprach, fein gewebtes Tuch...
Gelegentlich kam er auf Besuch.

-3- Er brachte Gott persönlich ins Haus
mit herrlich heiligender Anmut;
im Geist-Reich kannte er sich gut aus
und nahm mit ihm das Herz in Obhut.
Mit schöpferischer Zärtlichkeit
entfachte er die Ewigkeit;
er war dem Himmel wesensgleich, segensimpulsiv,
wozu der Höchste selbst ihn berief.

-4- Er hat als Mensch sein Schicksal bejaht
und lebte mit der Macht der Sünde;
als Gottessohn warf er Gnadensaat
verschwenderisch auf wüste Gründe.
Er räumte auf mit Schuld und Scham
und spürte großen Groll und Gram
beim Überheblichkeitskonstrukt selbstgerechter Art-
und hat als Christus Durchblick bewahrt.

-5- Er rügte den Unfehlbarkeitswahn,
mit dem sich jedermann verfehlte.
Er hat fürs Volk den Mund aufgetan,
wenn sein Elitetross es quälte.
Den Wolf im Schafspelz biss er wund,
den Heuchlern stopfte er den Mund.
Er schlug sich mit der Teufelsbrut, willensstark und klug
und starb am Kreuz durch Lug und Betrug.

-6- Er war ein Opfer im Hoheitskrieg
um echte Gottgefälligkeiten.
Dort suchen die Dämonen den Sieg,
die fürs Tohuwabohu streiten:
sie tarnen Finsternis als Licht,
sind auf Verblendung sehr erpicht,
süß weisen sie als sauer aus, alles wird verdreht,
damit der Mensch ins Taumeln gerät.

-7- Er blieb beharrlich im Gleichgewicht
und trennte Spreu und Weizen prächtig;
er pflegte seine eigene Sicht
und hielt die Liebe für allmächtig:
sie dient dem Menschen ganz und gar
in Lust und Frust und Mordsgefahr;
lauscht seiner Widersprüchlichkeit, fragt auch nach dem Mist,
und bleibt ihm treu im heftigsten Zwist.

-8- Er hat die Liebe glaubhaft gemacht
und ihrer Kunst charmant entsprochen;
er hat mit ihr behutsam und sacht
die bösen Triebe ausgestochen:
verständnisvoll nahm er sie an
und holte sie aus Acht und Bann,
enthüllte ihren wahren Grund, schlug Tabus entzwei
und sprach die Welt von Feindbildern frei.

-9- Seht, Jesus Christus galt jeder Feind
als Selbstentfremdungsspiegelfläche;
mit ihm sah er sich spürbar vereint
in Kümmernissen, Angst und Schwäche.
Auch ihn lud er zu Wein und Brot,
darum schlug ihn der Pöbel tot.
Doch wer an Himmelsfäden spinnt, wird beschwingt erweckt-
und als Juwel der Hoffnung entdeckt.

Herzschlag

Musik: aus der irischen Tradition;
Text: R. Stolz

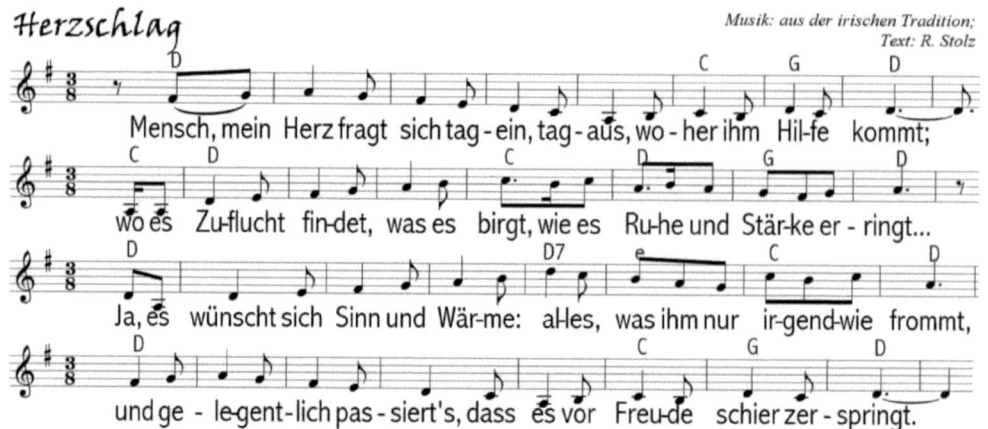

Mensch, mein Herz fragt sich tag-ein, tag-aus, wo-her ihm Hil-fe kommt;

wo es Zu-flucht fin-det, was es birgt, wie es Ru-he und Stär-ke er-ringt...

Ja, es wünscht sich Sinn und Wär-me: al-les, was ihm nur ir-gend-wie frommt,

und ge-le-gent-lich pas-siert's, dass es vor Freu-de schier zer-springt.

-2 Ach, tagtäglich muss es bangen, ob es sich zu fassen kriegt,
oder ob es, wie ein schwarzes Loch, jeden Hoffnungstrahl in sich vergräbt;
es kann sein, dass es, von Angst gelähmt wie Schrott auf der Müllhalde liegt...
und doch rotzfrech immer weiter schlägt und hofft und trotzt und bebt.

-3- Ja, mein Herz springt mir gelegentlich vor Wehmut aus der Brust,
oder brüllt ganz ungehalten raus, was es wütend macht oder empört...
hin und wieder mangelt es ihm auch an Auftrieb und Schubkraft und Lust,
immer wieder wird's vom Lauf der Dinge unerhört verstört!

-4- Ständig lotet es den Abgrund seiner tiefsten Tiefen aus,
es verliert sich stets aufs Neue und schlägt sich Wunden im Kampf um sein Recht;
es gewährt sich aber auch - sich selbst beweihräuchernd - gerne Applaus;
fühlt's sich malträtiert, ist es mitunter selber zu sich schlecht.

-5- Ach, mein Herz, es weiß oft selbst nicht: ist es Schatten oder Licht...
manchmal fasst es kaum sein Glück und sprengt Schloss und Riegel und kommt voll in Fahr
dann rutscht es mir in die Hose - plötzlich wird es zum elenden Wicht...
zwischen Baum und Borke hängt mein wehes Herz mit seiner Art.

-6- Ja, mein Herz, wenn Du auf Grundeis gehst und dich gekonnt zerfleischt,
oder wenn Du Dich im Wahn betrügst oder äußerst geschickt vor Dir fliehst:
wenn Du geltungssüchtig, voller Gier, um Zuspruch und Wertschätzung heischt...
oder wenn das Gift der Selbstverachtung wieder durch Dich fließt:

-7- wir zwei wissen, welche Größe Du trotz aller Not besitzt;
Du behauptest Dich im Widerstreit und hegst Hoffnung bei Tag und bei Nacht;
Du bist tapfer, frech und einfühlsam, verletzlich und stur und gewitzt;
Hand in Hand mit Dir entdecke ich mein Heim und meine Macht.

Trostlied

Weise: irische Folklore;
Worte: R. Stolz

Komm, gib dein we - hes Herz   in mei - ne Hand,
Leg' dein zer - mar - ter - tes   Hirn in mein Ohr,
Drück' den er - schöpf-ten Leib   an mei - ne Brust,

nimm dei-nen Zu-stand an,   du bist aus - ge - brannt;
kla - ge das Un-recht an,   mach' dir nichts mehr   vor;
sprich all'-die Lei-den an,   die du dul - den musst;

lass dich stüt-zen, lass dich schüt-zen: Mit-leid spürt, dass dir Hil - fe ge-bührt,
lass dich mei-nen, lass dich ei - nen: Mit-leid spürt, dass dir Hei-lung ge-bührt,
lass dich er-den, lass dich wer-den: Mit-leid spürt, dass dir Se-gen ge-bührt,

die dich zur Er - kennt-nis   führt...
die dich zur Ent- rüs - tung   führt...
der dich zur Er - fül - lung   führt...

Training

Musik: G. Franc, L. Bourgeois (EG 294); Text: R. Stolz

Das Him-mels-wort lässt Men-schen han-deln,   in-dem es sie mit Wür-de speist.

Es will durch sie die Welt ver-wan-deln   und för-dert See-le, Leib und Geist,

sich selbst mit al-ler Macht zu lie-ben; sich selbst, den Nach-barn und den Feind-

und so auch Gott. Im Lie-be ü - ben   er - fas-sen wir, wie Gott uns meint.

Ich träu- me oft von den wo-gen-den Win-den,

ich träu- me oft, wie be - zau-bernd es tagt;

mir hat ge - träumt, wir flö-gen ins Mor-gen - licht, und

wir wa-ren eins, völ- lig eins, du und ich!

Refrain: Wir glei-chen schim-mern-den Fe-dern,

uns gleicht die Ach-se mit Rä-dern,

wir sind eins, wie Lip-pen es sind,

uns eint ent- fes-sel- ter Wind,

Auftrieb

Text & Musik:
R. Stolz

uns eint ent - fes-sel-ter Wind.

-2- Hör auf dein Herz, windentbundenes Wesen,
folge dem Ruf, der Erfüllung verspricht;
träum deinen Traum und bleibe dir stets gewiss:
wir sind völlig eins, völlig eins, du und ich!
> Refrain:.....

-3- Was du auch hörst, spricht vom Windhauch des Lebens
was du auch siehst, zeugt vom Zauber der Welt;
wo du auch bleibst, ich will dir zur Seite steh'n,
wir bleiben stets eins, völlig eins, du und ich!
> Refrain:.....

Musik: J. A. Peter Schulz: (EG 482/ Der Mond ist aufgegangen); Text: R. Stolz

Kursangabe

Kommt, lasst uns Wur-zeln schla-gen
und fröh-lich da-nach fra-gen,
was uns das Le-ben bringt;
wie wir das Schick-sal meis-tern
und Herz und Sinn be - geis-tern
und wo der Strom des Glücks ent-springt.

-2- Wir kommen auf die Erde
mit hilfloser Gebärde:
bedürftig, nackt und bloß;
wir möchten uns entfalten,
genießen und gestalten
und hoffen auf das große Los.

-3- Es lässt sich viel riskieren,
gewinnen und verlieren
im Menschenmassenkreis;
ob uns das Rechte zufällt,
ob sich ein Wunder einstellt,
gibt nur die Gunst der Stunde preis.

-4- In all dem Ungefähren
droht Angst, uns zu verzehren
und mischt sich bei uns ein.
Sie kann unglaublich lähmen
und jeden Ansporn nehmen,
sie spritzt ihr Gift in Mark und Bein.

-5- Doch Hoffnung hält dagegen
und nimmt mit ihrem Segen
die Seele an die Hand.
So schöpft sie Mut zum Aufbruch,
verspürt auch Kraft zum Einspruch
und lockt uns ins gelobte Land.

-6- Dort sprudeln für uns Quellen,
die sehr zufrieden stellen
mit ihrer klaren Kraft;
sie schenken uns die Stärke
für wünschenswerte Werke,
mit denen uns das Leben schafft.

-7- Dort können wir viel lernen,
wir greifen nach den Sternen:
licht wird des Herzens Nacht.
Wir werden ausgelassen
und kriegen uns zu fassen,
vom Himmel sanft und zart bedacht.

-8- Dort kommt die Welt zum Klingen,
wir widmen uns den Dingen
mit frischer Energie;
der Mensch darf Stückwerk bleiben
und auch mal Unfug treiben
und erntet dennoch Sympathie.

-9- Der Weg dahin muss lohnen,
und wenn wir dort erst wohnen,
sind wir mit uns versöhnt,
wir können weise handeln
und auf dem Wasser wandeln,
weil Dankbarkeit das Leben krönt.

-10- Kommt her und lasst euch buchen, um Weg und Ziel zu suchen,
und werdet wohlgemut; ein Schritt schon kann so erden,
dass wir uns gleicher werden, das Leben meint es schließlich gut.

Findelkind

Musik:
aus der amerikanischen
Bürgerrechtsbewegung;
Text: R. Stolz

Mensch, wir wer-den mensch-lich sein,

Mensch, wir wer-den mensch-lich sein,

Mensch, wir wer-den wirk-lich wahr - haft mensch-lich sein!

Da-rin bin ich, mein Freund, (ich sag's dir) völ - lig ge-wiss:

mensch-lich wer-den wir einst sein!

-2- Selbstbewußtsein stellt sich ein,
Selbstbewußtsein stellt sich ein,
Selbstbewußtsein stellt sich unvermittelt ein:
Bruder/ Schwester, du wirst dir Freund,
weil du den Feind in dir siehst:
Selbstbewußtsein stellt sich ein.

-3- Mensch, wir finden unser Glück,
Mensch, wir finden unser Glück,
Mensch, wir finden unser unverschämtes Glück!
Darauf setze ich fest
(tatsächlich), das hält mich hoch:
Mensch, wir finden unser Glück.....

-4- Selbstbestimmung holt dich ein,
Selbstbestimmung holt dich ein,
Selbstbestimmung holt dich eigenmächtig ein!
Deine Selbstsucht verfällt
und dir winkt Selbstlosigkeit:
Selbstbestimmung holt dich ein.

-5- Mensch, wir kommen bei uns an,
Mensch, wir kommen bei uns an,
Mensch, wir kommen gut geerdet bei uns an!
Meine Hoffnung fasst Fuß
(ich schwör's dir), in diesem Traum:
Mensch, wir kommen bei uns an.

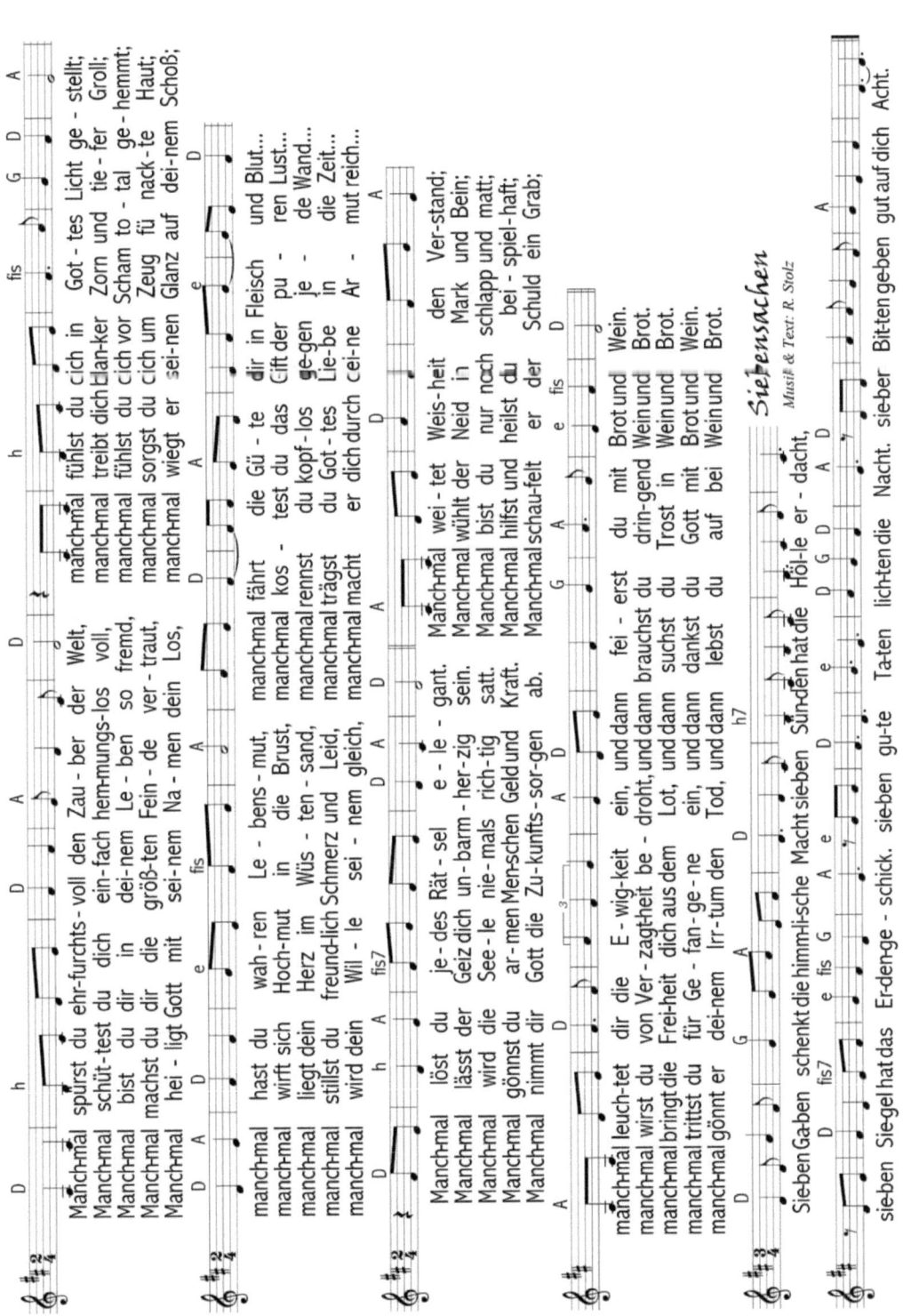

Siebensachen

Musik & Text: R. Stolz

Wandlungs-Fest

Text & Musik: R. Stolz

Mensch, komm, wir feiern, wer wir sind und wer-den;

mit viel Licht und Schat-ten, wech-sel-haft und kun-ter-bunt;

freu' dich: wenn wir uns ent-pup-pen,

häu-ten und ent-fal-ten,

schmet-ter-lings-und schlan-gen-gleich;

ge-hen wir Gott auf den Grund.

Manch-mal häng' ich in den Sei-len, ich bin mut-los und ver-zagt;

Je-mand muss mein E-lend hei-len, da-mit sich mein Herz neu wagt!

-2- Manchmal bin ich ganz zufrieden: ich erkenne mein Genie.
Du kannst mit mir Pläne schmieden, du hast meine Sympathie!

-3- Manchmal platzt mir echt der Kragen, ich bin wütend und empört.
Hoffnung kommt bei uns zum Tragen, weil der Himmel uns betört.

-4- Manchmal kann ich Hilfe geben, ich spendiere Kraft und Geld.
Los, wir springen über Gräben, durch uns ändert sich die Welt!

-5- Manchmal schubst mich meine Seele, ich entdecke mein Profil.
Du weißt, dass ich auf dich zähle- Mensch, mit dir kommt Glück ins Spiel!

Musik: überliefert;
Text: R. Stolz

Ein wah-res Wort rückt uns auf's Fell
und stellt sich vor mit dem Ap - pell:

Besinnung

"Ent- - dec-ke mei-nen gu--ten Geist!"
Und wer's durch - schaut und da rauf baut
schlüpft bald in ei-ne an-d're Haut.

2. Ein wahres Wort bringt frischen Wind.
Es fragt uns frech: "Sag, bist du blind?
Siehst du denn nicht, was Sache ist?"
Wer dann erwacht aus seiner Nacht
hat's in der Tat sehr weit gebracht.

3. Ein wahres Wort hat viel Gewicht.
Es sagt: "Ich glaub', du kennst dich nicht...
Entdecke dich in deiner Art!"
Wer sich besinnt und das beginnt,
der reift und wächst als Menschenkind.

4. Ein wahres Wort nimmt uns beim Wort.
Es rät: "Bleib steh'n und lauf nicht fort.
Erkenne dich in meinem Licht!"
Wer sich dem stellt und innehält,
steht anders da im Gang der Welt.

5. Ein wahres Wort stößt Türen auf.
Es spricht: "Mein Freund, dein Lebenslauf
kommt durch mich auf ein neues Gleis."
Wer das erfährt und davon zehrt,
wird durch das Leben selbst geehrt.

6. Ein wahres Wort geht mit der Zeit.
Es sagt: "Erst mache ich mich breit.
Dann lasse ich dich wieder los."
Wer darin ruht hat großen Mut
und einen guten Geist im Blut.

Bestandsaufnahme

-1- Men-schens-kind, Wir - bel-wind,
Herz und Hand, Fleisch, Ver-stand,
Gast auf die-sem Er-den-ball;
U - ni-kum im wei-ten All:
schau doch, was das Le-ben aus-trägt,
sieh, was Raum und Zeit be - wegt...

Musik:
Polnische Trad.;
Text: R. Stolz

-2- Groß und klein, Ja und Nein, es regiert der Gegensatz,
reich und arm, kalt und warm, jeder sucht nach seinem Platz.
//: Welcher Weg ihn wohl dahin bringt,
was ist, wenn die Fahrt misslingt? ://

-3- In der Welt herrscht das Geld, darum muss die Arbeit sein;
wer sie hat, wird stets satt und kauft schöne Sachen ein.
//: Jeder hofft, dass er dabei ist
und das Glück ihn nicht vergisst. ://

-4- Frau und Mann, irgendwann kommt mit Macht der Sexappeal.
Sehr verzwickt und verrückt bringt die Liebe sich ins Spiel.
//: Wer wird da nicht schwach und hilflos
und auch irgendwie ganz groß? ://

-5- Hast und Rast, Lust und Last, Träume, Siege, Schuld und Streit,
Liebe, Mut, Zorn und Wut, ist es denn die Möglichkeit!
//: Wie es ständig auf und ab geht,
wie der Wind sich laufend dreht! ://

-6- Im Gewühl, im Gefühl sehen wir auf einmal klar:
gibt nichts mehr etwas her, wird der Grund des Lebens wahr-
//: dass ein Mensch für sein Geschick dankt
und vom Wort zur Tat gelangt! ://

Aufschwung

Musik: irische Folklore;
Text: R. Stolz
[Capo III]

Das Le-ben bringt dich auf den Weg

und dann ziehst du dei-ne Krei - - se,

und reifst durch Irr-tum und Er - folg und lang-sam wirst du wei - se.

Los, geh' und le-be dei-nen Traum,

pflan-ze ge - trost ei-nen Ap-fel - baum,

nimm wahr, was dich zu - frie-den macht und sei bloß nicht zu lei - se!

Komm, ich ge-be ei-nen aus, trink mit mir auf das gro-ße Glück,

bei dem der Fun-ke ü-ber - springt, der dich auf den Punkt bringt.

-2- Du nimmst dein Maß in Zeit und Raum, um dich richtig zu entfalten
durch Zufall lernst du wunderbar, dein Schicksal zu gestalten.
Los, steck die Nase in den Wind, finde dich als deines Geistes Kind,
genieße, was dich weiter bringt und lass dich nicht verwalten!
Komm doch, schenk' noch einen ein, trink mit mir auf das große Glück,
bei dem der Funke überspringt, der mich auf den Punkt bringt.

-3- Die Menschheit wirbelt durch die Welt und du singst deine Lieder;
mal geht's voran und mal zurück, du zweifelst hin und wieder.
Ach, lass dich ein auf dein Genie, nutze den Reichtum der Phantasie,
gestatte dir Gelassenheit und werde nicht zu bieder!
Auf das Leben, wohl bekomm's! Trinken wir auf das große Glück,
bei dem der Funke überspringt, der uns auf den Punkt bringt.

Durchblick

Text: R. Stolz; Musik: irische Folklore

Im Le-ben gibt es Rät-sel, die sind schwie-rig zu durch-schau-en.

Sie be - drän-gen und be - drüc-ken uns mit vi - ta-ler Ma - gie.

Sie ver - ban-nen uns in die Dun-kel-heit,

wo wir dann ein Luft-schloss er - bau-en

und mit Hirn-ge-spins-ten hau-sen, als wä-ren wir sie...

2. Wir hängen in den Seilen und suchen das Glück zu binden,
und wir wirken ohne echten Grund irgendwie zweifelhaft.
Doch im haltlosesten Geschick steckt schon
jener Horizont, den wir finden,
wenn der Abgrund überbrückt wird, der tief in uns klafft.

3. Wie klug wir es verstehen, uns blendend zu inszenieren!
Dabei führen wir uns fabelhaft und fatal hinter's Licht.
Aber dann ziehen wir das große Los
und gewinnen uns im Verlieren
und wir sehen, was die Lüge in Wahrheit zerbricht.

4. Wenn Rätsel uns beschränken und unlösbar an sich ketten,
ein Tabu uns alle Glieder schwächt und das Denken versklavt,
wenn die Not Herz und Seele mundtot macht-
kann allein der Spürsinn uns retten,
der im Aufwind der Gefühle den Wahnsinn entlarvt.

Ermutigung

Musik.: aus Russland; Text: R. Stolz

Nun, mein Kind, sei un-ver-zagt, in
dir steckt so-viel Ta - lent!
Stell dein Licht bloß nicht un-ter den Schef-fel,
sor-ge, dass es sicht-bar brennt.

-2- Los, vertraue deinen Stärken,
dein Geschick ist viel wert.
Sei hellwach für die Art deines Nächsten,
damit sich das Glück vermehrt.

-3- Schöpfe froh aus allen Gaben,
tue, was dir entspricht,
dabei wirst du für andere Menschen
Engel, Leuchtturm, Lot und Licht.

-4- Mut soll dir der Himmel geben,
dass du "Ja" zu dir sagst,
und trotz all deiner Schwächen und Sorgen
immer neu zu leben wagst.

-5- Menschenskind, komm schenk' mir Glauben,
dass viel Kraft in dir steckt!
Du wirst seh'n, wie der Zauber des Lebens
sie zur rechten Zeit erweckt.

Fragment

Musik: schottische Tradition; Text: R. Stolz

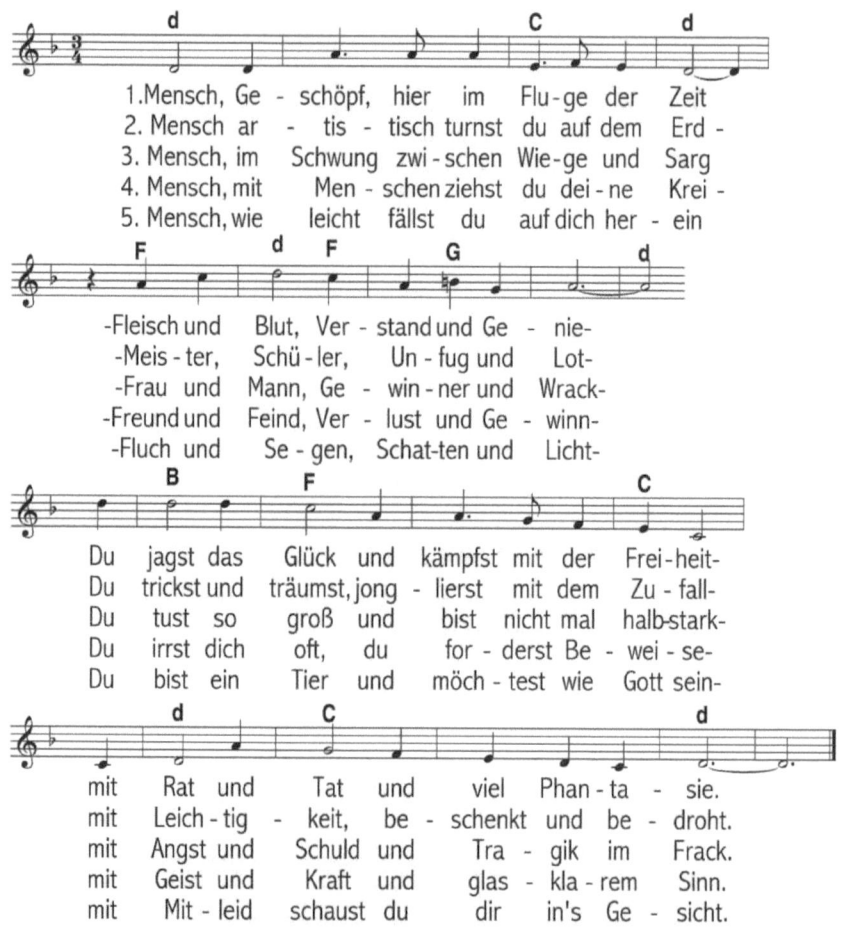

1.Mensch, Ge - schöpf, hier im Flu-ge der Zeit
2. Mensch ar - tis - tisch turnst du auf dem Erd -
3. Mensch, im Schwung zwi-schen Wie-ge und Sarg
4. Mensch, mit Men - schen ziehst du dei-ne Krei -
5. Mensch, wie leicht fällst du auf dich her - ein

-Fleisch und Blut, Ver - stand und Ge - nie-
-Meis - ter, Schü - ler, Un - fug und Lot-
-Frau und Mann, Ge - win - ner und Wrack-
-Freund und Feind, Ver - lust und Ge - winn-
-Fluch und Se - gen, Schat-ten und Licht-

Du jagst das Glück und kämpfst mit der Frei-heit-
Du trickst und träumst, jong - lierst mit dem Zu - fall-
Du tust so groß und bist nicht mal halb-stark-
Du irrst dich oft, du for - derst Be - wei - se-
Du bist ein Tier und möch - test wie Gott sein-

mit Rat und Tat und viel Phan - ta - sie.
mit Leich - tig - keit, be - schenkt und be - droht.
mit Angst und Schuld und Tra - gik im Frack.
mit Geist und Kraft und glas - kla - rem Sinn.
mit Mit - leid schaust du dir in's Ge - sicht.

Geistreich

Musik: Trad.; Text: Trad., R. Stolz

Wir hof-fen sehr auf Got-tes gu-ten Geist,

der den Men-schen wah-re We-ge weist:

dass er uns er-leuch-tet und Kraft und Mut schenkt

und das Le-ben in rech-ten Bah-nen lenkt - uns zum Woh-le!

2. Du wertes Licht, ach gib uns deinen Schein,
lehr uns Jesus Christ kennen allein,
dass wir an ihm bleiben, dem treuen Heiland,
der uns bracht hat zum rechten Vaterland. Kyrieleis.

3. Du sanfte Macht, du Überraschungsgast.
Du kommst unverhofft, wenn es dir paßt.
Rührst an Leib und Seele und schließt das Herz auf
und so ändert sich mancher Lebenslauf- und bringt Segen!

4. Du sanfte Kraft, schenk uns doch deine Gunst,
lehre uns der Liebe hohe Kunst-
damit auch der Feind selbstverständlich Recht kriegt
und Barmherzigkeit unser Herz besiegt- Hosianna!

5. Du, zarter Hauch, besiegst Gewalt und Zwang.
Durch dich kommt das Leben neu in Gang.
Wer sich in dir findet, in deiner Einheit,
wird verwandelt durch deine Freundlichkeit- Halleluja!

Feiern!

Musik: Spiritual; Text: R. Stolz

Mensch, welch ein Fest hält das Le - ben be - reit,
Du machst dich auf, wenn der Him - mel dir winkt,
Du bist da - bei, wenn die Lie - be dich krönt,
Du kommst in Schwung, wenn die Wahr-heit dich führt,

Mensch, welch ein Fest hält das Le - ben be - reit -
du machst dich auf, wenn der Him - mel dir winkt
du bist da - bei, wenn die Lie - be dich krönt -
du kommst in Schwung, wenn die Wahr-heit dich führt

Mensch, welch ein Fest hält das Le - ben be - reit -
du machst dich auf, wenn der Him - mel dir winkt
du bist da - bei, wenn die Lie - be dich krönt -
du kommst in Schwung, wenn die Wahr-heit dich führt

so - viel Lust trotz Not und Angst und Leid!
und dich sanft und son - der - bar be - zwingt.
und im Nu mit dei - ner Schuld ver - söhnt.
und die Glut in dei - ner See - le schürt.

Gott ist Liebe

Musik: überliefert; Text: R. Stolz

1. Al - les ist, weil Gott Lie-be at - met,
2. Frank und frei gibt Gott sei-ne Lie - be,
3. Licht liebt Gott in's Rät-sel des Le - bens,
4. Sinn kommt durch die Lie-be in's Le - ben,

so wie die Son-ne im Feu-er er - glüht.
so wie die Son-ne die Er - de er - wärmt.
so wie die Son-ne den Ne - bel ver - treibt.
so wie die Son-ne das Saat-gut er - weckt.

Lie-be säumt dei-ne We - ge,
Lie-be macht dich ge - las-sen,
Lie-be schenkt dir Ge - wiß-heit,
Lie-be gibt dir Im - pul - se,

sie ist An-fang und Ziel...
sie gibt dir Trost und Mut...
sie zeigt dir dein Pro - fil...
sie steckt dir tief im Blut...

Al - les ist, weil Gott Lie-be at- met,
Frank und frei gibt Gott sei-ne Lie - be,
Licht liebt Gott in's Rät-sel des Le-bens,
Sinn kommt durch die Lie-be in's Le-ben,

so wie die Son-ne im Feu-er er - glüht.
so wie die Son-ne die Er - de er - wärmt.
so wie die Son-ne den Ne - bel ver - treibt.
so wie die Son-ne das Saat-gut er - weckt.

Gründung

Musik: Shanty; Text: R. Stolz

1. Al-le, die wir jetzt hier Got-tes-dienst fei-ern, dür---fen ein-fach wir
sel-ber sein: ich und du, wir al-le hier:
ha-ben die Eh-re, ha-ben die Eh-re! Ich und du, wir
al-le hier: ha-ben die Eh-re drum fei-ern wir!

2. Alle, die wir hier jetzt Atem schöpfen, sind schon seit jeher von Gott beseelt.
Ich und du, wir alle hier, erden den Himmel, erden den Himmel!
ich und du, wir alle hier, erden den Himmel, d'rum atmen wir.

3. Alle, die wir hier jetzt Lieder singen, sind eine Stimme im Klang der Welt.
Ich und du, wir alle hier, schwelgen in Tönen, schwelgen in Tönen!
Ich und du, wir alle hier, schwelgen in Tönen, d'rum singen wir...

4. Alle, die wir unser Leben betrachten, sehen doch nur mit dem Herzen gut.
Ich und du, wir alle hier: ..... suchen nach Gründen, d'rum irren wir.

5. Alle, die hier jetzt ins Beten kommen, sind unaussprechlich von Trost erfüllt.
Ich und du, wir alle hier: .....geistern durch's Leben, d'rum beten wir.

6. Alle, die hier jetzt ein gutes Wort finden, hören vom Wort, das die Welt erschuf.
Ich und du, wir alle hier: ..... kommen zur Sprache, d'rum reden wir.

Ja, ja, das Leben...

Text: R. Stolz;
Musik: irische Folklore

Die Wür-de des Le-bens lehrt uns sei-nen Sinn:

wenn wir uns fröh-lich eh-ren, tei-len wir den Haupt-ge - winn.

Wer ge - schätzt wird, wird ge - wahr,

welch ein Reich-tum in ihm steckt

und macht sich auf, die Le-bens-kunst zu ler - - nen.

2. Der Wind des Vertrauens macht uns mobil und fit,
und stärkt auch schon beim kleinsten Kind den Rücken Schritt für Schritt.
Wer das einsieht, weiß Bescheid, welche Kraft ihn weiter bringt
und macht sich auf, die Lebenskunst zu lernen.

3. Das Wunder der Liebe wirkt unentwegt und still,
bis wir zum Schluß begreifen, daß es uns verwandeln will.
Wer sich davon leiten läßt, hat ein neues Land entdeckt
und macht sich auf, die Lebenskunst zu lernen.

4. Das Wesen der Hoffnung ist derart gestrickt,
daß es die Seele zu sich führt, wenn kein Beweis mehr glückt.
Wer's erfaßt sieht fassunglos, wie der Himmel ihn beschenkt
und macht sich auf, die Lebenskunst zu lernen.

5. Die Würde des Lebens lehrt uns seinen Sinn:
wenn wir uns fröhlich ehren, teilen wir den Hauptgewinn.
Wer geschätzt wird, wird gewahr, welch ein Reichtum in ihm steckt
und macht sich auf, die Lebenskunst zu lernen.

Steine

Musik: Spiritual; Text: R. Stolz

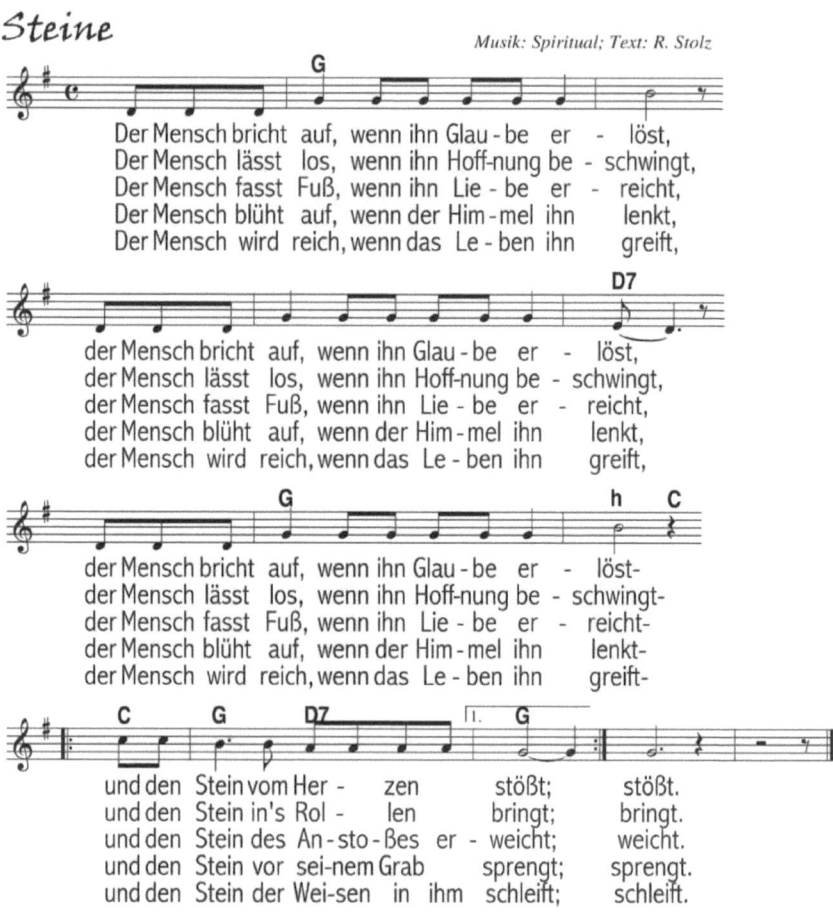

Der Mensch bricht auf, wenn ihn Glau - be er - löst,
Der Mensch lässt los, wenn ihn Hoff-nung be - schwingt,
Der Mensch fasst Fuß, wenn ihn Lie - be er - reicht,
Der Mensch blüht auf, wenn der Him - mel ihn lenkt,
Der Mensch wird reich, wenn das Le - ben ihn greift,

der Mensch bricht auf, wenn ihn Glau - be er - löst,
der Mensch lässt los, wenn ihn Hoff-nung be - schwingt,
der Mensch fasst Fuß, wenn ihn Lie - be er - reicht,
der Mensch blüht auf, wenn der Him - mel ihn lenkt,
der Mensch wird reich, wenn das Le - ben ihn greift,

der Mensch bricht auf, wenn ihn Glau - be er - löst-
der Mensch lässt los, wenn ihn Hoff-nung be - schwingt-
der Mensch fasst Fuß, wenn ihn Lie - be er - reicht-
der Mensch blüht auf, wenn der Him - mel ihn lenkt-
der Mensch wird reich, wenn das Le - ben ihn greift-

und den Stein vom Her - zen stößt; stößt.
und den Stein in's Rol - len bringt; bringt.
und den Stein des An - sto - ßes er - weicht; weicht.
und den Stein vor sei-nem Grab sprengt; sprengt.
und den Stein der Wei-sen in ihm schleift; schleift.

Triangel

Musik: Folklore;
Text: R. Stolz

Wir lo-ben Gott, den Va-ter,
den Kon-struk-teur von Raum und Zeit:
auch uns hat er sich aus-ge-dacht,
auch dich und mich hat er ge-macht;
sein Wort gibt uns Ge - leit.

-2- Für Güte und Erbarmen
gibt er sich vorbehaltlos hin...
Wenn seine Gnade uns erscheint,
und unser Tun und Lassen eint,
erwacht der sechste Sinn.

-3- Wir achten Jesus Christus,
er machte zweifelsohne klar:
die Liebe ist ein Rettungsboot,
ein Ankerplatz und täglich Brot-
sie gilt uns ganz und gar.

-4- Er wusste zu versöhnen,
und gab dem Frieden ein Gesicht;
er war ein echtes Menschenkind,
er war ein wahres Gotteskind
und in der Tat ein Licht.

-5- Wir hoffen auf den Tröster,
den hohen Gast der Himmelswelt.
Der allen reinen Wein einschenkt
und fröhlich jeden Rahmen sprengt,
wie es ihm grad gefällt.

-6- Er ist das Maß der Dinge,
er lehrt die Menschen seinen Stil:
wenn er an ihr Gewissen rührt,
und sie an ihre Grenzen führt,
gewinnen sie Profil.

Tuchfühlung

Musik: Tradition; Text: R. Stolz

Ja, der Mensch braucht viel Ge - fühl, um rich-tig zu rei-fen
und sich und sein Ge schick ge - nau zu be - greifen.
Da - rum lass dich gel-ten mit all' dei-nen Wel-ten:
und zie-he stets in's Kal - kül: je-der Mensch braucht viel Ge - fühl.

-2- Die Gefühle sind sehr fein, und leicht zu zerbrechen
Und dürfen sie nicht sein, dann kann sich das rächen.
Du gehst dir verloren und lebst wie erfroren
und fühlst dich verflucht allein: die Gefühle sind sehr fein!

-3- Die Gefühle sind im Spiel in vielen Verstecken.
Sie verfolgen ihr Ziel, die Seele zu wecken.
Wenn sie sich erschließen kannst du dich genießen...
und wirst plötzlich ganz agil! Die Gefühle sind im Spiel.

-4- Die Gefühle sind enorm und können uns binden.
Sie bringen uns in Form, sobald sie uns finden.
Und kannst du sie spüren, dann lässt du dich führen
und passt nicht mehr in die Norm: die Gefühle sind enorm.

-5- Die Gefühle sind so groß und fördern das Leben.
Sie krönen unser Los im Nehmen und Geben.
und wenn sie dich tragen, dann kannst du dich wagen:
Es ist in der Tat famos: die Gefühle sind so groß.

umbruch

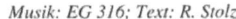

Musik: EG 316; Text: R. Stolz

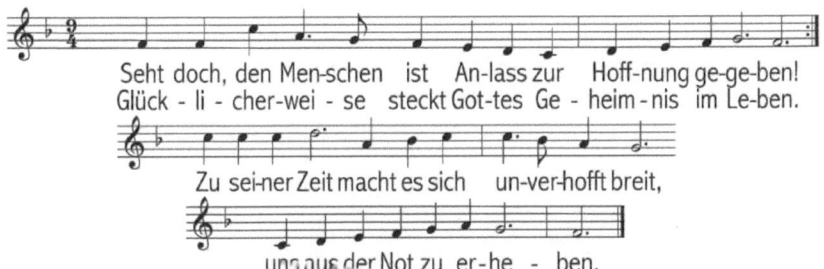

Seht doch, den Men-schen ist An-lass zur Hoff-nung ge-ge-ben!
Glück - li - cher-wei - se steckt Got-tes Ge - heim-nis im Le-ben.

Zu sei-ner Zeit macht es sich un-ver-hofft breit,

uns aus der Not zu er-he - ben.

-2- Im tiefen Abgrund der Seele lässt Gott von sich spüren,
dort öffnet er uns ganz wunderbar Tore und Türen.
Mut stellt sich ein, wir können großzügig sein:
der sechste Sinn darf uns führen.

-3- Ganz eigenartig bringt Gott seinen Segen zum Tragen:
er schickt ihn wirkungsvoll ins tiefste Zittern und Zagen.
Und dann geschieht, dass sich ein Mensch ehrlich sieht
mit Schuld und bösem Versagen.

-4- Zwischen den Zeilen entpuppt sich der Himmel als weise.
Zwischen den Tönen hört man Gottes Stimme ganz leise.
Wie feiner Wind, haucht er uns ein, wer wir sind.
Und schickt uns neu auf die Reise.

Mensch, Ge - fähr-te im Tru-bel der wir-ren Zeit,
Mensch, Ge - nos-se im un-end-lich wei-ten Raum,
Mensch, Ge - sel-le im Zau-ber der Le-bens-pracht:

manch-mal ahnst du des Him-mels Barm - her-zig - keit:
manch-mal tas-tet du dich an den Him-mels-saum:
manch-mal folgst du des Him-mels e - nor-mer Macht:

Geschenkt
Mel: überliefert;
Text: R. Stolz

Gna-de fällt dir in den Schoß

dein Her-zens - ho - ri - zont wirkt plötz-ich gren-zen-los.
all dein Ver - sa-gen liegt vor dei - ner See - le bloß.
De-mut und Dank-bar-keit krö-nen dein Er-den-los.

WEGE

Wir reisen kreuz und quer mit feinen Wagen durch die Welt,
erschrecken nicht vor einem noch so fernen Ziel;
wir sind mobil und lieben das Gefühl,
unterwegs zu sein mit Führerschein...

Refrain:
Unentwegt erfährt der Mensch sich, was er braucht-
was ihn so bewegt in Zeit und Raum
das ist sein Freiheitstraum.

Die Straßen ziehen sich als langes, graues Gängelband,
sie bringen uns auf Touren für ein fremdes Land-
bereiten unserer Herrlichkeit den Weg-
und ganz unbeschwert wird der Tank geleert.

Wir steuern abgehetzt von Ort zu Ort und merken kaum,
dass wir woanders sind als eben gerade dort...
wir halten einfach nicht mehr mit uns Schritt!
Fahren dennoch fort, total verbohrt.

Wir geben Gas und rauschen los, der Motor läuft schön rund,
und unser Weg kommt unter Rädern auf den Hund.
Wir bleiben immer stur auf breiter Spur
und verlieren viel an Profil.

Es klebt das Straßennetz sehr fein gesponnen und geteert
an uns, wir hängen drin, die Adern blutentleert-
auf kalten Oberflächen wird verkehrt
seltsam steif und starr, sehr sonderbar.

Die ganzen Straßenfluchten sind doch nur ein Trampelpfad,
auf dem herum zu trotteln, was ist das schon wert?
Wer meint, daß er nie auf der Stelle trat,
wird dort schnell belehrt und abgeklärt.

Wieso traut niemand sich in unbekannte Ecken rein,
schert einfach aus aus all dem Blech und läßt es sein;
fängt ganz allein und leichten Fußes an,
was ein Weg sein kann,
wird selbst ein Weg?

Der Text ist singbar auf die Musik von Lennon/ Mc Cartney [Penny Lane]; Text: R. Stolz

Weihnachtslied

Musik: engl. Folklore; Text: R. Stolz

Die Lie-bes-saat geht auf, ge-boren wird ein Kind.

Wagt sich aus sei-ner Höh-le in das Dun-kel die-ser Welt;

und sein Wie-gen-lied singt der Wind,

und sein Wie-gen-lied singt der Wind.

2. Nun saugt es an der Brust,
trinkt sich richtig müde und matt,
und schläft ein in der Liebe, die die Mutter für es hat,
//: ist mit Leib und mit Seele satt. ://

3. Zerbrechlich ist der Mensch,
und er braucht ein warmes Nest,
wo er fröhlich und heiter seine Lebenskunst erlernt,
//: wo man ihn einfach gelten lässt. ://

4. Nicht jeder Erdengast
kommt aus einem guten Stall:
herrscht nur Spott und Verachtung, gibt es nie ein gutes Wort,
//: wird man sehr leicht ein schwerer Fall. ://

5. Hat jemand nun das Pech,
dass man ihn nicht richtig liebt,
dann wird er eine graue Maus, die keine Rolle spielt,
//: die man ständig zur Seite schiebt. ://

6. Doch selbst das kleinste Licht
strahlt bisweilen hell wie ein Stern,
und bringt Trost in die Dunkelheit, weist Wege aus der Not-
//: und wer hätte das nicht sehr gern? ://

www.?!

Musik: Spiritual; Text: R. Stolz

Wo-durch kriegt das Le-ben Fuß und Hand?

Was er-leuch-tet Men-schen den Ver-stand?

Wel-che Macht führt in's ge-lob-te Land? Wie wird sie er - kannt?

So gut, wenn sie uns durch-dringt, so groß, wenn sie uns be-schwingt,

so fein, wenn sie in uns klingt- schön, wenn sie ge - lingt!

-2- Wärme gibt den Menschen richtig Mut,
Wärme geht uns wirklich tief in's Blut,
Wärme ist ein wahres Himmelsgut, sie tut uns so gut!
So gut, wenn sie uns durchdringt,
so groß, wenn sie uns beschwingt,
so fein, wenn sie in uns klingt- schön, wenn sie gelingt!

-3- Weisheit lenkt die Menschen ganz famos,
Weisheit fällt uns einfach in den Schoß,
Weisheit krönt genial das Erdenlos, sie macht uns so groß!
So groß, wenn sie uns beschwingt,
so gut, wenn sie uns durchdringt,
so fein, wenn sie in uns klingt- schön, wenn sie gelingt!

-4- Würde lässt die Menschen Menschen sein,
Würde sitzt uns tief in Mark und Bein,
Würde unterscheidet Mein und Dein, sie macht uns so fein!
So fein, wenn sie in uns klingt,
so groß, wenn sie uns beschwingt,
so gut, wenn sie uns durchdringt- schön, wenn sie gelingt!

Weihnachtswahrheitswirksamkeit

Musik: überliefert; Text: Reinhard Stolz

Jahr um Jahr ent - fal-tet die Weih-nacht   in ei-nem klei-nen Kind   Got-tes All-macht;

lobt den Frie-den aus und sehr sacht stärkt sie Fleisch und Blut mit fri-schem Mut.

-2- Sie birgt Glanz im Wechsel der Zeiten,
Suchende kann sie mit Trost begleiten;
Herzenshorizonte weiten,
zärtlich, sanft und klar stellt sie sich dar.

-3- Hoffnungswege lehrt sie zu gehen
und zwingt den üblichen Trott in Wehen;
schenkt die Größe, einzusehen:
wer sich helfen lässt, feiert ein Fest.

-4- Sie gestattet, Gutes zu wagen
und echt und ehrlich nach Schuld zu fragen;
Selbstgewissheit kommt zum Tragen,
Würde findet Wert und wird vermehrt.

-5- Sinnerweckend kann sie sich rühren,
kunstvoll entriegeln versperrte Türen;
sie versteht, zum Licht zu führen-
welche Schattenwelt wird da erhellt!

-6- Sie holt Christus aus tiefsten Gründen
und sieht ihn gerne im Geist-Reich münden,
um sich eigens zu verbünden
jener Willensmacht, die Glück entfacht.

-7- Ihr entspringen heilende Quellen,
die ganz apart zufrieden stellen...
Feinde werden zu Gesellen.
Feinste Lebenskunst schenkt ihre Gunst.

-8- Sie beschert den Himmel auf Erden,
dass Menschen schlichtweg zu Betern werden:
klug und weise sich gebärden,
weil die Himmelskraft Durchbrüche schafft.

-9- Schwach und wehrlos weiht sie das Leben,
und wird sich immer bezaubernd geben,
um am Seelenheil zu weben...
alles wird vernetzt im Hier und Jetzt.

-10- Sie belebt in heiligen Stunden,
wunderbar wird das Genie entbunden;
Zuversicht tritt aus den Wunden:
strahlend, samt und weich, ohne Vergleich.

-11- Souverän erscheint uns die Weihnacht
herrlich und zwanglos in größter Ohnmacht;
sie entdeckt und lindert Zwietracht-
ist die Zeit erfüllt, wird sie enthüllt.

Wunderwerk

Text: R. Stolz;
Musik: überliefert

Mensch, nun schau dir doch mal an, was der Mensch so al-les kann,
Mensch, be - den - ke un - be - dingt, was dein Geist zu-we-ge bringt,

was er mit sei-nen Kräf-ten macht:
wel-che Hil-fe er dir be - schert:

Wie er fin-det, wie er sucht, wie er seg-net und ver flucht,
Wie er dir I - de-en schenkt, wie er dei-nen Kör-per lenkt,

wie er ü-ber sein Schick-sal wacht...
wie er mit die-ser Welt ver - kehrt...

wie-viel Lie-be, wie-viel Krie-ge er ent - facht!
wel-ches Wis-sen, wel-che Grö-ße er be - gehrt!

Wie er fin-det, wie er sucht, wie er seg-net und ver flucht,
Wie er dir I - de-en schenkt, wie er dei-nen Kör-per lenkt,

wie er ü-ber sein Schick-sal wacht.
wie er mit die-ser Welt ver - kehrt.

-3- Mensch, beleuchte oft und gut, was die Seele für dich tut,
ob sie Angst oder Hoffnung nährt:
Wie sie strauchelt, wie sie führt, wie sie dich ganz sanft berührt,
wie sie dich voller Charme beehrt...
wieviel Hoffnung, wieviel Ziele sie gewährt!
Wie sie strauchelt, wie sie führt, wie sie dich ganz sanft berührt,
wie sie dich voller Charme beehrt.

-4- Mensch und hast du schon entdeckt, was in deinem Leib so steckt,
wenn er mit dir die Zeit durchmisst:
Wie er Geist und Seele birgt, wie er auf die Sinne wirkt,
wie er Grenze und Maßstab ist...
welch' ein Kunststück, welch' ein Kleinod du doch bist!
Mensch, mit Seele, Leib und Geist, der du durch die Zeiten reist,
welch' ein Wunderwerk du doch bist!

Richtschnur

Musik: Spiritual; Text: R. Stolz

Gib dir Frei-heit, lass dir Frei-heit,

gönn' dir Frei-heit je-der - zeit, sei ge - scheit!

-1- Und als ech-tes Frei-heits - kind
-2- Wer die ech-te Frei-heit spürt,

lässt du dei-ne Frei-heit los,
wird ganz ei-gen-ar - tig groß:

wo die Frei-heit des Nächs-ten be - ginnt.
sein Ge - wis-sen wird wahr-haft be - rührt.

-3- Und das echte Freiheitsspiel
wirft das Selbst-Los in den Schoß
und lehrt Handeln mit Regeln und Stil.

-4- Wer die echte Freiheit pflegt,
wirkt bisweilen beispiellos,
weil er sich mit Verantwortung trägt.

-5- Und im echten Freiheitsrang
geht das Leben bei dir los,
und du nimmst dich als Mensch in Empfang.

Halt

Musik: überliefert; Text: R. Stolz

Ein Mensch ver-läuft sich ver-küm - mert im Kreis,
Ein Mensch ver-liert sich ver-blen - det im Sog,
Ein Mensch ver-fängt sich ver-zwei - felt im Netz,
Ein Mensch ver-hält sich ver-läss - lich im Spiel,

ein Mensch ver-läuft sich ver-küm - mert im Kreis,
ein Mensch ver-liert sich ver-blen - det im Sog,
ein Mensch ver-fängt sich ver-zwei - felt im Netz,
ein Mensch ver-hält sich ver-läss - lich im Spiel,

ein Mensch ver-läuft sich ver-küm - mert im Kreis sei-ner Angst...
ein Mensch ver-liert sich ver-blen - det im Sog sei-nes Wahns...
ein Mensch ver-fängt sich ver-zwei - felt im Netz sei-ner Schuld...
ein Mensch ver-hält sich ver-läss - lich im Spiel sei-ner Welt...

und er braucht

ir - gend-ein Wort als Zu-fluchts-ort,
sein frei - es Wort als Zu-fluchts-ort,

ir - gend-ein Licht für kla-re Sicht,
Schat-ten und Licht für kla-re Sicht,

ir-gend-ein Lot in aus-ge - spro-che-ner Not.
Lie-be als Lot in aus-ge - spro-che-ner Not.

Effekte

Text: R. Stolz
Musik: überliefert

C ... **F** ... **C**

Kran-ke und Schwa-che lädt Je-sus ein,
Blin-de und Lah-me lädt Chris-tus ein,
Tau-be und Stum-me lädt Gott selbst ein,
Sün-der und Wei-se la-den sich ein,

C ... **G** ... **C**

das Schick-sal zu be-den-ken bei Brot und Wein:
das Da-sein zu er-neu-ern bei Brot und Wein:
das Le-ben zu ge-win-nen bei Brot und Wein:
das Er-den-los zu fei-ern bei Brot und Wein:

C ... **F** ... **C**

Hab' Mut zu dei-nen Zwei-feln, er-ken-ne ih-ren Wert,
Be-nen-ne dei-ne Fra-gen und geh' mit ih-nen los,
Gib Acht auf dei-ne Nö-te, be-leuch-te ih-ren Grund,
Ent-dec-ke dei-ne Feh-ler und hal-te ih-nen stand,

C ... **G** ... **C**

da-mit wird der Glau-be ein-wand-frei ge-ehrt.
da-bei nimmt die Wahr-heit Platz auf dei-nem Floß.
da-durch wird das Le-ben manch-mal kun-ter-bunt.
da-bei hält der Him-mel dich in sei-ner Hand.

C ... **F** ... **C**

Wie vie-le Träu-mer fin-den ein Lot
Wie vie-le Freun-de fin-den ein Lot
Wie vie-le Fein-de fin-den ein Lot
Wie vie-le Men-schen fin-den ein Lot

C ... **G** ... **C**

im schö-nen Mahl der Frei-heit, bei Wein und Brot.
im gu-ten Mahl der Gna-de, bei Wein und Brot.
im fei-nen Mahl der Lie-be, bei Wein und Brot.
im gro-ßen Mahl der Hoff-nung, bei Wein und Brot.

Spuren

Musik: trad.; Text: R. Stolz

Got-tes Geist macht von sich Re-den,

im-mer, ü-ber-all, an je - den

rich-tet er be-hut-sam sei-nen wei-sen Rat

ü-ber - ra-schend, sanft und zart:

Zeit-wei-se macht er Men - schen pri-ma selbst - be - wusst,

schürt wie ein fri-scher Wind die Glut der Le - bens - lust,

heizt ih-nen un-ver-hofft mit Feu-er-ei-fer ein

und lässt sie ge-las-sen sein...

-2- Dann wieder rückt er Schuld und Fehler in den Blick,
zeigt uns die Unzulänglichkeiten im Geschick,
bringt völlig unverschämt Wahrhaftigkeit ins Spiel
und führt uns den Weg zum Ziel.

-3- Manchmal taucht er ein Herz in wunderbares Licht,
schenkt ihm für seine Feinde eine neue Sicht,
nimmt es für seine Gegner eigenartig ein
und reisst ihm Barrieren ein.

-4- Stets hält er sich bescheiden und galant zurück,
sieht in der Unaufdringlichkeit das größte Glück,
gönnt jeder Seele massenhaft Behutsamkeit
und stärkt sie im Strom der Zeit.

Zuspruch

Musik: Spiritual; Text: R. Stolz

Mensch, die Macht des Him-mels schenkt dir leicht und zart
Hal - le - lu - ja, Hal - le - lu - ja, seht euch an,

dei-ne Art, woi - te Ho - ri - zon-te...
je - der-mann, Gott gibt sich die Eh - re,

Schuld und Wür - de dei - ner We-ge macht sie klar,
führt uns sanft und zwang-los in's ge - lob - te Land,

und dein Le-ben kommt in Fahrt!
wo die See - le bau - meln kann...

Frag' nach, wo das Glück zu fin - den ist,
Gib acht, wo das Ziel sich tref - fen lässt,
Pass auf, wo das Le - ben sich ver-steckt,
Sieh selbst, wo das Rät - sel sich er - hellt,

das dein Herz sich er - denkt-
mit dem dein Geist sich trägt-
nach dem der Sinn dir steht-
das dei - nen Nerv be - rührt-

und jag' ihm nach mit Lust und List,
such' es in Süd, Ost, Nord und West
er - grün-de sei - nen Glücks - ef - fekt,
ver - trau den Fra - gen, die es stellt,

bis es dich ganz un-ver-hofft em - pfängt.
bis es sich in dei-ne Hän - de legt.
bis es dir durch al - le Sin - ne weht.
bis es dich zu dei-ner Wahr-heit führt.

Osterlied

Musik: Aus Afrika;
Text: R. Stolz

1. Mensch, nimm dein Le-ben doch in die Hand,
Su - che die Wahr-heit und schöp-fe Mut,
trau dei-ner See - le und dem Ver - stand.
wer-de zum Men-schen mit Fleisch und Blut.

Refrain: So nä-herst du dich der gött-li-chen Macht,
sie hat mit Je-sus den Tod um-ge - bracht
wenn ihr Ge - heim-nis dein Herz be - rührt,
wirst du zu neu-en U-fern ge - führt.

2. Lass dich beschenken, teile dein Brot,
rufe um Hilfe in Angst und Not.
Lass dich verwandeln, willige ein,
durch Gottes Gunst wird Wasser zu Wein.
So näherst du dich der himmlischen Kraft,
sie hat mit Christus den Tod abgeschafft;
kommt ihre Liebe in deinen Blick,
nimmst du dich an mit deinem Geschick.

3. Bastel an Brücken, gründe dein Haus,
gönne dir Güte, spende Applaus.
Hör auf die Stimme, die in dir spricht,
sei, wie du bist, mit Schatten und Licht.
So näherst du dich dem ewigen Wort:
es schmiss im Sterben den Tod über Bord;
wenn seine Weisheit dein Schicksal schmückt,
wird du ganz eigentümlich beglückt.

4. Werde dir eigen, suche dein Ziel,
bring' deine Schwächen ruhig mit in's Spiel.
Fass dir ein Herz, stürz' dich ins Gewühl,
achte und ehre jedes Gefühl.
So näherst du dich der heiligen Welt:
sie hat zu Ostern den Tod kaltgestellt;
fällt ihre Hoffnung in deinen Schoß
ändert sie sanft und zärtlich dein Los.

Pfingstruf

Weise: irische Folklore;
Worte: R. Stolz

Schön, wenn Be-geis - te - rung   bei dir ent - steht,
Schön, wenn ein Geis-tes-blitz   Sinn aus dir schlägt,
Schön, wenn die Himmels glut   sich in dich pflanzt,

schön, wenn ein fri-scher Wind   durch dein Le - ben geht;
schön, wenn ein gu - ter Geist   durch die Men-schen fegt;
schön, wenn der Got - tes - hauch   durch die Län - der tanzt;

du wirst kla - rer,   du wirst wah - rer:
du wirst rei - cher,   du wirst wei - cher:
du wirst wei - ter,   du wirst hei - ter:

Trau dem Geist, der die See-len be-reist und den Weg zur Freu-de weist.

Tropfenweise

Musik: G. Franc, L. Bourgeois (EG 294); Text: R. Stolz

Mensch, wie kannst du zur Spra-che brin-gen,   was du von Gott zu sa-gen hast?

Im Grun-de sind ja al - le Wor - te   nur Trop-fen auf den hei-ßen Stein...

Doch Got-tes Wort wird dich durch-drin-gen,   wenn es dich wun-der-bar er-fasst...

sein Geist führt durch die en-ge Pfor-te,   sein ste-ter Trop-fen höhlt den Stein.

Verheißung

Musik: aus Flandern; Text: R. Stolz

Mensch, wenn du in dei-nen Fra-gen treibst,

im Wirr-warr des Ge - sche-hens, sei-nes Wer-dens und Ver - ge-hens:

dann ge-he un-ver - dros-sen ih-ren Spu-ren nach,

in ih-nen liegt viel - leicht das Glück des Le-bens brach.

-2- Ach, wenn du an deine Grenzen stößt,
im Trubel der Gewalten, die sich niemals ewig halten:
dann nimm mit Demut ihre Qualitäten an,
damit sich deine Seele neu vermessen kann.

-3- Ja, wenn du Gottes Geheimnis spürst,
im Abgrund der Gezeiten, in fatalen Dunkelheiten:
dann löst es sanft und gnädig Angst und Irrtum auf,
und unvermittelt ändert sich dein Lebenslauf.

-4- Du, wenn du Gott auf die Schliche kommst,
im irdischen Gedränge zwischen Armut und Gepränge:
dann hilft sein Hauch, dass du vor Zorn und Mitleid brennst
und Wege findest, dass du Spreu und Weizen trennst.

-5- Freund, wenn du aus deinen Gaben schöpfst,
im täglichen Getriebe mit der Gier nach Wert und Liebe:
dann bringen sie energisch dein Talent in Form
und so fällst du auf schöne Art aus jeder Norm.

-6- Schau, wenn du mitten im Leben stehst,
im herrlichen Gestalten, beim Träumen und Verwalten:
dann holt es dich auf seine Weise ganz oft ein,
und du verstehst: du kannst nicht mehr derselbe sein.

Brise

Musik: überliefert; Text: R. Stolz

1: Wenn Got-tes Geist sich ein - falls - reich gibt,
2: Wenn Got-tes Geist sich ein-schnei-dend gibt,
3: Wenn Got-tes Geist sich ein - fühl - bar gibt,
4: Wenn Got-tes Geist sich ein-wand - frei gibt,

1: zeigt er uns sein Ge - heim - nis;
2: stärkt er uns sanft den Rüc - ken;
3: lässt er uns Wur-zeln schla-gen;
4: gibt er uns reich-lich An - stoß;

1-4: doch er wirkt stets nur, wenn's ihm be-liebt:

1-3: ab-so-lut ü - ber - ra - schend.
4: un - be-re-chen-bar zwang - los.

1: Sein Hauch be-seelt die Kre-a - tur völ - lig gra - tis;
2: Ge - strau-chel-ten schlägt er ge-konnt Him-mels - brüc-ken;
3: Er kann im Wirr - warr die-ser Welt Wahr-heit wa-gen;

1: und bie - tet spie-lend für je-des A - tem-los Rat und Tat.
2: und trennt ver-blüf-fend mit pu-rer Her-zens-kraft Sein und Schein.
3: und schürt im ü - ber - zeu-gen-den Fun-ken-flug Pracht und Macht.

Fluchtpunkt

Musik: aus der orthodoxen Tradition; Text: R. Stolz

Gott, du Le - ben - quel - le, sei für uns zur Stel - le,
Gott, du Weg - ge - fähr - te, sieh' des Le - bens Här - te:
Gott, du Freund der Ar - men, schenk' uns dein Er - bar-men!
Gott, du Un - fass - ba - rer, mach das Le - ben kla - rer,

sei so frei und steh' uns gnä - dig bei.
sei doch da, mach dein Ver - spre-chen wahr.
Sei so gut und gib uns neu - en Mut.
sei im Spiel und füh - re uns zum Ziel.

Was geht!

Musik: überliefert;
Text: R. Stolz

Ihr Men-schen - kin - der, Weg-ge - fähr-ten,
ihr kennt den Leicht-sinn und die Här-ten

auf den Gas-sen die-ser Er-de, im Strom der Mas-sen:
und die tas-ten - de Ge-bär-de im Tun und Las-sen:

wie sich je-de/r aus-pro - biert

und Glück hat und ver - liert.

-2- Der freie Wille, purer Zufall
und ein Heer von Schicksalskräften regeln das Dasein.
Das große Sinn-Los auf dem Erdball
sucht in täglichen Geschäften nach einem Schmuckstein...
sehnt sich harte Fronten weich
und gibt sich einfallsreich.

-3- So viele Chancen und Gefahren,
reizend ist das Spiel des Lebens, ein Abenteuer!
Wir sind gefordert mit Haut und Haaren:
was ist wertvoll, was vergebens, wer ist geheuer?
Wie gelingt ein guter Plan;
was hält uns auf der Bahn?

-4- Wir brauchen Hilfe für die Reise,
Menschen, die das Gute wagen und Brücken bauen.
Dann wächst auf feine Art und Weise
Kraft für alle Lebenslagen, Mut und Vertrauen:
Lust und Hoffnung macht sich breit,
und öffnet Raum und Zeit.

Einstimmung

Musik: überliefert;
Text: R. Stolz

Los, stimmt mit mir ein und singt auf das Le-ben,
es steckt uns im Blut im Neh-men und Ge-ben;
mit Angst und mit Mut im Schei-tern und Stre-ben:
in Mark und in Bein, los, stimmt mit mir ein!

-2- Kommt, fasst euch ein Herz und lobt unser Leben:
das Wasser, die Luft, die Tiere und Pflanzen,
die Farben, den Duft, das Lernen und Tanzen,
die Lust und den Schmerz, kommt, fasst euch ein Herz!

-3- Ach, bringt euch in's Spiel, erhebt eure Stimmen!
Preist Sterne und All, die Erdatmosphäre,
den Blitz und den Schall, das Leichte und Schwere
und Anfang und Ziel- ach, bringt euch in's Spiel!

-4- Jetzt passt es ganz gut, lasst was von euch hören!
Von Weisheit und Schuld, vom Lieben und Hassen;
von Kraft und Geduld, vom Tun und vom Lassen,
von Ebbe und Flut, jetzt passt es ganz gut!

-5- Nur zu, macht doch mit, das kann euch bewegen,
im Trubel der Zeit beflügelt uns Segen;
in Freude und Leid kann Güte uns prägen:
auf Schritt und auf Tritt...- nur zu, macht doch mit.

-6- Nun seid ihr dabei mit all euren Weisen
von Hoffnung und Not, von Trost und Vertrauen,
von Wein und von Brot, von Männern und Frauen,
nun seid ihr so frei, nun seid ihr dabei!

Landung

Mel.: Philipp Nicolai (EG 70);
Text: R. Stolz

Wenn Got - tes Macht das Herz be-rührt
Wenn sich der Him - mel of - fen zeigt

und Men-schen freund-lich zu sich führt,
und sich in un - ser Herz ver-zweigt,

kommt Licht und Lust zum Tra-gen.
wächst Mut und Wohl-be - ha-gen.

Ei - gen-tüm-lich wird das Le-ben frei ge-ge-ben

ganz ge-las-sen ler - nen wir, hier Fuß zu fas-sen.

-2- Wenn Jesus Christus uns bewegt
und sein Wort für uns Brücken schlägt,
muss sich die Seele weiten.
Wenn sein Werk uns zum Handeln führt
und uns zum Dienst am Leben kürt,
dann ändern sich die Zeiten.
Höchstpersönlich wird das Leben frei gegeben;
ganz gelassen lernen wir, hier Fuß zu fassen.

-3- Wenn Gottes Geistkraft uns durchdringt
und Trost und Wahrheit mit sich bringt,
muss sich der Himmel erden.
Wenn ihre Botschaft uns versöhnt
und uns mit Sinn und Weisheit krönt,
ist allerhand am werden.
Eigenartig wird das Leben frei gegeben;
ganz gelassen lernen wir, hier Fuß zu fassen.

-4- Geheimnis Gott, du Morgenstern,
wir sehen deine Hilfe gern
im wirren Weltgeschehen.
Komm, setze uns auf gutes Land,
beflügle Seele, Hirn und Hand
und lass uns auferstehen.
Selbstverständlich soll dein Segen uns bewegen
und uns geben, recht und würdevoll zu leben.

Weihnachtshymne

Musik: ital. Folklore;
Text: R. Stolz

Gnade

Musik: englische Folklore,
Text: R. Stolz

Du lebst im Glau-ben an dei-ne Kraft

und bist voller Stolz: Du hast was ge - schafft!

Führst die Zü-gel und gibst den Boss,

doch in Wahr-heit bist du doch nur das Ross,

doch in Wahr-heit bist du doch nur das Ross...

...wer sich da-rin birgt, weiß, wie Gna-de wirkt.

-2- Du jagst verzweifelt das höchste Gut,
seinem Wert und Wesen zollst Du Tribut;
hoffst auf Einsicht und ringst um Sinn,
plötzlich bringt die Güte den Hauptgewinn,
plötzlich bringt die Güte den Hauptgewinn ...
... wer sich darin birgt, weiß, wie Gnade wirkt.

-3- Du gierst nach Leben als Kind der Zeit
und nutzt Deine Chancen nach Möglichkeit;
willst mit Macht, dass es sich bewährt,
bis es Dir per Zufall das Glück beschert,
bis es Dir per Zufall das Glück beschert ...
... wer sich darin birgt, weiß, wie Gnade wirkt.

Lieder zum Leben

Impressum

Die „Lieder zum Leben" wurden durch Reinhard Stolz erwörtert.
Reinhard37Stolz@gmail.com
Für die Musik hat der Verfasser sich bemüht, ausnahmslos gemeinfreie
Melodien zu verwenden; insofern hofft er, keine Urheberrechtsverlet-
zung begangen zu haben.
Bildnachweis Titelbild: By AnonMoos [Public domain], via
Wikimedia Commons
Es wird sehr und außerordentlich herzlich darum gebeten, nicht zu ko-
pieren, sondern bei Gefallen weitere Exemplare zu bestellen.

Der Verfasser, Reinhard Stolz, wurde am 18ten Dezember 1955 in Os-
terholz-Scharmbeck geboren. Aufgewachsen im Ortsteil Hülseberg
machte er nach dem Realschulabschluss eine Ausbildung zum Kellner.
Nach dem Zivildienst und unterschiedlichen Tätigkeiten legte er am
Kolleg Wolfsburg seine Reifeprüfung ab. Danach studierte er Theologie
in Göttingen und trat dann als Pastor in den Dienst der Ev.-luth. Landes-
kirche Hannovers ein. Zur Zeit (2017) lebt und arbeitet er an der Elb-
mündung in Cuxhaven.